JN410110

워싱턴에
내리는 안개 비

김낙영 시집

차례

제1부
백악관 앞을 지나며

제2부
워싱턴에 내리는 안개비

제3부 남과 북

제4부 메신부님

제5부 난파선

제1부

백악관 앞을 지나며

Lincoln memorial (1)

링컨 기념관 광장 앞
오른편엔 한국전쟁 기념 조형물

왼편엔 월남전쟁 전몰장병
이름이 새겨진 대리석

백악관 가까이 자리하고 있는
이 기념물들이 바로 백악관을
있게 하는 상징일까

백악관이 저 혼자 잘나
고고할 수 없다고
말하듯
언제나 백악관 앞 잔디밭에서
공을 차는 서민들

9.11이 있었고
펜타곤이 무너지는
공격이 있었지만
백악관이 유별나고
특별날 수 없노라고

서민들과 함께
보통사람들 속에 있는
미국의 심장

백악관은 이래야 한다고
서민들이 매일 백악관 앞에서
공을 차는 것일까

Lincoln memorial (2)

링컨의 초상은
엄숙하지만 평화롭고
사색적이다

아침 해가 떠오를 때
찬란하게 반사되는 연못 넘어

국회의사당
의사봉 소리가
들려오면

미국의 앞날이 어떻게 될까
미국의 앞날이 어떻게 될까

심각한 표정이 되어
법안이 통과될 때마다
귀를 기울인다

귀를 기울인다

495 벨트웨이 (1)

495 벨트웨이에는
온갖 것들이
다 굴러다닌다

스페니쉬들의
콧수염도 날아다니고
백인들의 이쑤시개도
굴러다닌다

오입쟁이가
한번 쓰고 버린
콘돔도 있고

백악관의
아침 식탁에서 남긴
베이컨도
굴러 다닌다

워싱턴 D.C는
이렇게 온갖 집동사니로
둘러싸여 있으면서도

더 많은 것들을
끌어 모으려
애를 쓰고 있다

이라크나 아프가니스탄에서는
또 무엇을 가져오려나?

495 벨트웨이 (2)

495 벨트웨이를 타면
295 395 95 66 270으로
갈 수 있는데

푸른 깃발을 휘날리며
달리던 인생길
어느 날 막막해지면

시원스럽게 한번
달려보는 길
싸구려 행복이나 희망이
없다 하여도

495 벨트웨이는
막힌 가슴을 뚫어주는 길

패배자들이 줄을 서
액셀레이터를 힘차게
밟으면
나무들과 하늘이
손을 흔들어주는 길

백악관 앞을 지나며

약소국
분단국 소시민이
Constitution 거리 백악관 앞을
지날 때마다 귀를 기울인다

무엇을 음모하고
기획하고 있는지 엿듣고자
귀 기울여보지만
아무것도 들을 수 없다

백악관 안이 훤히 다 보이고
바로 코앞에까지 접근할 수 있지만
아무것도 들을 수 없다

지구의 모든 곳을
손바닥 들여다보듯
속속들이 다 들여다보며
무엇을 하는지 알 수 없다

누구는 악의 축이 되고
누구는 천사가 되는 백악관의 결정

악의 축인 이라크에
대량 살상무기가 있다고

핵물질이 있다고
수많은 젊은이들이
목숨을 걸고 들어갔지만
아무것도 찾아내지 못했단다

분단국의 소시민은
오늘도 백악관 앞을 지나며 궁금증을
돋우지만 아무것도 알 수 없다

이라크의 탈주자들 말만 믿고
들어갔다가 큰 실수를 했다고
후회하는 백악관

승리를 발표하고 나서
죽은 군인이 더 많은 이상한 승리
이라크 전쟁

약소국 소시민은
모든 것이
궁금하기만 하다

워싱턴 사막

얼마만큼은 달관된 눈으로
이길 저길
가려서 간다고 해도
빠져드느니 모래사막

온 세상 사람들이
한 세상 살아보겠노라고
몰려오지만
오아시스가 그리운 모래사막

인생살이 너무도
고달파

포토맥 강에 팍
빠져죽고 싶다는 사나이

해 지는 저녁
집으로 가는 길도
사막으로 이어지는 길

사막의 끝까지

그를 태워줄 낙타는 보이지 않아

강으로 가 팍 빠져죽고 싶다는
사내를 달랠 수 없어
바람은 저 혼자 산을 넘고

하늘에
빛나던 별들이

사내를 대신해
밤마다 포토맥 강으로
뛰어드는 소리

풍덩! 풍덩!

워싱턴 다람쥐

지난 여름은
너무 더웠다

털을 반쯤
뽑아버리려
했지만
뽑을 수 없었고

DNA를
바꿀 수 있는
의사를 찾아
털을 반으로 줄이려 했지만
의사를 찾지 못했다

펜타곤
가까이 살던 사촌이
급사를 했다는
소식도 들었고

뉴욕에 사는 친구는
아직까지

정신이 없다고 한다

지난해는
정말 최악의 해였다

나무 위에서
데이트를 하다 떨어져
아직도
허리가 아프고
이웃집 친구는 차에 깔려
죽었다

지난 한 해는
정말
슬픈 한 해였다

Dupon Circle

워싱턴 디시
듀퐁 서클에
어둠이 내리고 있다

이제 모두 돌아가야 할
시간이라고…

하늘엔 검은 구름이
흘러가고 바람은
비 올 바람이라고 하지만
거리의 악사는
기타를 멈추지 않는다

하루의 삶이 피곤했다 하여도
쓰러지지 말고
보금자리를 찾아가라고

기타 소리는
달콤한 곡조에서
힘찬 행진곡으로 바뀌었다

듀퐁 서클 Q스트리트는
몇 개의 거리로
얽히어 세상살이가
그리 간단치 않음을
말해주고 있다

어떤 놈은
피던 담배를 함부로
내던지고
지하철로 사라진다

담배꽁초 한 개
버린 놈 한 놈
꽁초 두 개
버린 놈 두 놈

세 개 네 개 세다가
꽁초 버린 놈
멱살을 잡아 패대기를 치고 싶다

강대국 심장에서
하루를 산다는 게
그리 쉽지 않다고

제 인생을 제가 버리듯
담배꽁초를 함부로 버리는 놈들이
너무 많은 듀퐁 서클

권총의 거리

하루가 멀다하고
권총강도가 날뛰는
미국의 거리

공산주의에서는
게으른 놈들에게도
빵을 주고 잠자리를 주어
강도들이 없는 대신
나라가 망했고

자본주의의 첨단
미국은
일하기 싫은 놈들,
노는 놈들은
먹지도 말라고 해
놀고먹는 놈들이
강도짓을 하는 것일까

남의 것을 뺏어 제 것을
만드는 이 독하고 살벌한
거리에 진정 하느님의

축복이 있는 것일까

서슴없이 사람을 죽이고
강도짓을 하는 거리
총을 가진 자들이 날뛰는
거리
이것이
하늘의 뜻이며
하늘이 역사하심인가

백석 시인

백석 시인의 시를
워싱턴 시화전에서 읽는다

잘 꾸며진 허위나
허식을 도려내듯
가슴으로 파고드는 언어들

너무나 잘 드는 칼과 같아

내가 서 있는 곳
내가 생각하고 있는 것들이
얼마나 바르고 투명한가를 묻는다

그의 언어는 아무리
세월이 흐른다 하여도
가슴과 영혼을 칠 것이다

그의
글 앞에 있는
가슴과 영혼을…

제2부

워싱턴에 내리는 안개비

Key Bridge

Key bridge 이쪽에서
저쪽으로 건너가면
인생의 문, 행복의 문이
열리는 걸까

이쪽에서 저쪽으로
저쪽에서 이쪽으로

어느 쪽에서 건너더라도
인생의 문제가 풀려
강물처럼 흘러간다고

Key bridge에 황혼이 내린다

아직
다리를 건너지 못한 사람들
어서 강을 건너가라고
어서 강을 건너라고

황혼이 내린다

Wilson Bridge

아침 안개 피어오를 때
밤새 쉬지 못한 포토맥 강은
대서양으로 들어 눕고

대서양 입구에
엎드린 윌슨 브리지는
매릴랜드와 버지니아의
아침과 저녁을 이어준다

저 멀리 워싱턴 모뉴멘트와
캐피털이 뭐라고 속삭이는지
들리지 않지만 윌슨 브리지는
바다와 강 사이에 평화롭다

어디서부터 시작된 바람인지
알 수 없는 바람이
수심 깊은 곳에
알을 낳는 고기들의 비밀을
말해 주지만
윌슨 브리지는 말이 없다
넓은 바다를 바라보다

바다가 되었노라고
말없이 하루를 보내고 있다

포토맥 강

어둠이 내리면
포토맥 강은 전설을
풀어내고

물새들은 神話를
찾아 날개를 편다

어둠을 품어
알을 낳는 아침 찾아가는
저 잔잔한
물의 걸음들

벽화(壁畵)의 고향을
가슴에 품고
잠이 없는 곳을
찾아가는 강

잠을 잃어버린 강

워싱턴에 내리는 안개비

안개비 내리는

Constitution 거리
Independence 거리

세계의 중심
워싱턴에 안개비가 내린다

곱게 물드는 가을빛에
내리는 안개비

도시는 이렇게 천천히
천천히 젖어야 한다고

잔디밭과 나뭇잎들이
천천히 젖고 있다

부동산 투기에 침범당하지 않은
아메리카의 여백,
워싱턴 광장이
안개비에 젖고 있다

안개비에 젖는 워싱턴

워싱턴의 눈물은
노오랗게
포토맥 강으로 흐른다

내가
만나지 못한
사람들의 눈물도
어느 길모퉁이에
맴돌다

포토맥 강으로
흐르리라

가슴을 풀어헤치고
머리를 쥐어뜯으며
흘리는 눈물

그 눈물에
한 잔의 술을 따른다
천지신명을
부르다 쓰러진 인디언들

뒤를 이어
하느님을 부르며
쓰러지는 눈물

서러워 서러워
한 잔의 술을 따른다

안개에 젖은
까마귀 울음소리

천년의 넋을
흔들어 깨워

강으로 가자고
강으로 가자고

까르르
까르르

하늘을 나른다

안개비 속 워싱턴

비가 내린다
안개비가 내린다
백악관을 내려다보는
독립기념탑
국회 의사당에
안개비가 내린다

이 지상의 모든 정보와
거대한 힘이 압축된 워싱턴

장엄한 인류의 항해를
책임지겠다고 나선 지가
언제인가

나침반은 제대로 작동되고
있을까
키를 잡고 있는 선장은
제대로 잘하고 있는 것인가

왠지 걱정되는 것이
단지 소시민의 기우이길

바랄 뿐

소시민의 기우이길
바랄 뿐

아트메시아 호수 (1)

마음에 걸려 정체된 것들
모두 물결위로 흩어지면

호수 가득히 출렁이는
빛의 세례

수천 조각으로 분해된
태양이 제 분신을 찾을 때

숨 가쁘게 달려온
바람들이 그 위로
엎어져

저마다 가져온
사연들 풀어 놓고

빛의 세례를 받는
아트메시아 호수

아트메시아 호수 (2)

이른 아침
이제 막 깨어난 호수의
잔물결 사이

물의 하얀
알에서 깨어난 물새들이
날개를 펼치면

새
아침의 빛이
쏟아진다

비상과 하강
아침의 축제

새들과 새들 사이
경계가 없는 간격에서
자유와 평화가 보인다
자유와 평화가 쏟아진다

아트메시아 호수 (3)

내가 잃어버린 것들
그 모든 것들이
녹아 있는 아트메시아

따뜻한 마음을
함께 했던
다정한 사람들

평안과 희망, 기쁨
안식을 갖게 했던
경전의 말씀들

현인들이 남기신 마음들
모두 녹아 고여 있는
아트메시아 호수

내가 잃어버렸던
모든 것들이 녹아
출렁이는 호수

아트메시아 호수 (4)

꿈을
혼자만 갖지 말고
여럿이 함께 갖자고
말하는 아트메시아

그렇게 말하는
호수에선 향기가 난다

꿈과 웃음을
혼자 독점하여
희희낙락하는 입으로

좌파다 우파다
말하는 사람들은 모르리

아트메시아의 아침을…

아트메시아 호수 (5)

갈대밭 사이에
숨어 있던 바람이
쏟아져 나오면

고요히 잠들었던
호수는 하얀 알을 낳는다

이른 아침 부화된
새들은 푸른 날개를 펴
마음껏 창공을 날아오르고

자기가 키운 공간만큼
그 자유를 확인한다

자유는 자신이 키우는 만큼
커지고 평화는 그 안에 지어지는 집

물새들은
그것을 알고 있었나보다
태어나기 전부터…

아트메시아 호수 (6)

찬바람이
찬바람이
그렇게 불고 갈 때

기러기들은
긴 겨울밤 꿈을 더 깊이
꾸기 위해
꽁꽁 언 얼음 위에서

밤새 그렇게
서 있었을까
전설처럼…

따뜻한 남쪽 나라
날아갈 수 있는
날개를 접고서
긴 겨울밤을 그렇게
서 있었던 까닭은

기러기들의
새로운 역사를

위해서였을까

아트메시아 호수 (7)

비버가 일찍부터
집을 짓는 시간
물고기들은 더
깊은 곳을 찾아가고

거북이들 한가로이
일광욕 하는 아트메시아

갈대들이 잃어버린 신화를
기억해 낼 때쯤
수련은 하얀 입술을 열어
속삭인다

물과 흙의
그 내밀한 비밀

물과 흙이 어찌 향을
피워내는지
그 은밀한 비밀을 속삭인다

유니온 스테이션 (1)

워싱턴 중심
유니온 스테이션

이별의 키스를 남기고
떠나는 기적소리

빈 술잔만 남아
내일을 기약하자 하네

언제나 이별은 슬픈 것

낙엽들도 노오란 손을 흔들며
이별하는 유니온 스테이션

유니온 스테이션 (2)

잠 못 이루는
깊은 밤
유니온 스테이션
밤기차는

먼 고향의 꿈을
싣고 와
기적을 울린다

깊어가는
멀고 먼 이국의

차가운 겨울밤
기적소리만 아득하누나

유니온 스테이션 (3)

나비넥타이 매고
연미복 입은 사람들이
왜 기차역에서
파티를 열까

강대국의 겸손일까
강한 자들의 치기어린
낭만일까

쥐뿔도 없는
가난한 약소국 위정자들은
호텔에서 폼을 잡는데

왜 강대국 신사들은
역사(驛舍)에 모여
파티를 할까

유니온 스테이션 (4)

모두 다 떠나버린
텅 빈 역사에
홀로 남은 사람

갈 곳 없는 노파

인생길의 피로한
역정(歷程)이 새겨진 얼굴
굽은 등,
힘없는 눈동자

보잘 것 없는
보따리 옆에 끼고

갈 곳을
잃어버린 노파

기적 소리만 멀어지는
워싱턴 스테이션

가을 여행

버스의
문이 열리고
곱게 물든 낙엽이
올랐다

지난 여름 푸르렀던
추억들

깊은 밤 반짝이던
별빛과 다정히 속삭이던
이야기

워싱턴 디시
고달픔과 외로움도
곱게 물들어 함께 올랐다

유니온 스테이션의
기적소리 멀리 들으며
떠나는 낙엽들

잘 있거라 워싱턴

잘 있거라 워싱턴

워싱턴 광장 (1)

워싱턴 광장
잔디밭 비포장 길을
걸으면 서울의 보도블록
대리석 길이 생각난다

강대국의 심장
포장하지 않은 길을
걸으면
서울의 요란한 치장이 보인다

이런 걸 배우는 친미
검박함을 따라 하는
친미를 하면 안 되는 것인가

무슨 병이 들었는지
뜯어내고 바꾸고 또 뜯어내는 서울
그런 데 쓰는 돈
그런 돈을 사람한테 쓰면
안 되는 걸까

워싱턴 광장 (2)

워싱턴의 4계절은
워싱턴 광장으로 온다

흰 눈이 오는 겨울이나
봄 여름 가을이 들고 나는 것을
제일 먼저 보는 국회의사당

나랏일을 본다는 것은
때를 읽고 행하는 것이라고
4계절이 제일 잘 보이는 곳에
자리 잡은 국회의사당

계절 따라 변하는
워싱턴 광장은 시민들의
쉼터지만
시민들의 분노가 분출되기도 하는 곳

그 무서운 분노를 듣겠다고
광장 옆에 자리 잡은 백악관은
시민들 곁에 문을 활짝 열고 있다
언제나 귀를 열고 있다

모뉴멘트(독립기념탑)

워싱턴에 들어서면
백악관보다도 먼저
얼굴 내미는 독립기념탑

7년 동안이나
피 흘려 싸우고 이룩한
독립을 잊지 말자고,
독립이 거저 얻어진 것이
아니라고,
고개를 높이 든 독립기념탑

독립을 위해서
국가를 위해서
싸운 피

어느 나라, 어느 민족이나
그 피는 성스럽다고
하늘에 외치고 있는
독립기념탑

아나폴리스

아나폴리스가
워싱턴 곁에 있다는 것은
축복이다

생존 경쟁의 축
워싱턴에서 살아간다는 것은
세계를 살아내는 것

지쳤을 때
답답할 때
찾아가는
아나폴리스

푸른 바다가
가슴을 열고
흰 구름이 두둥실 떠가는
항구

삶의 이유
존재의 이유가 공허할 때
따뜻이 맞아주는 아나폴리스

제3부

남과 북

평화 (1)

신디 시한
아들을 이라크 전쟁터에서
잃고

평화의 어머니가 된
신디 시한

한 자루 촛불에
불을 밝혀
부시의 가슴에 평화의
불을 밝히고자

백악관 담을 넘으려 했지만
부시를 만나지 못한
평화의 어머니

텍사스 부시의 목장까지
찾아가 평화를 외쳤지만

부시의 귀는

열리지 않았다네

평화 (2)

아무리 문명이 발달하여도
아무리 경제력이 좋아져도
평화가 저절로 따라오는 것은
아니라고

그렇게 전쟁을 하는 것일까
수많은 젊은이들이 그렇게
죽어가는데
수많은 어머니들의 가슴에
그렇게 못이 박히는데
전쟁을 하는 망나니들은 도대체
누구인가

우리의 문명과 지성을
무참히 짓밟는 그 잔인한 전쟁을
기획하는 자들은
도대체 누구인가

아이들에게 싸우지 말라고
말하는 그 입으로 전쟁을
불사한다고 하는

망나니

전쟁을 하지 말자고 하면서
전쟁을 기획하는 가면인간,
이중인간은 누구인가

아이들의 싸움은
코피가 터지면 끝나는 것인데도
매일 싸우지 말라고 하면서

행복과 희망
미래를 파괴하는 저 전쟁의 뒤에는
도대체 누가 숨어 있는 것일까

악마의 속삭임이 아무리
달콤하다 할지라도
귀를 막고 듣지 말지니

전쟁광의 말을
귀를 막고 듣지 말지니라

남과 북 (1)

한 테이블에
마주보고 앉아 있지만
가슴을 볼 수 없었던
시간 너무 길어

음악마저 가슴으로
스며들지 못하고
눈물만 흐르는구나

서로 믿지 못하게
우리 사이를
가로막고 있는 것은
무엇일까

한데 부둥켜안고
한바탕 눈물을 쏟고 나면
언 가슴
막힌 가슴 뚫리려나
막힌 우리 가슴 열리려나

남과 북 (2)

우리의 소원은 통일
우리의 소원은 통일

잠잘 때나
밥 먹을 때나
놀 때도 우리의 소원은 통일

그렇게도 절실하게 원하는
그 통일을 위해서

민족의 소원을 위해서
우리가 한 것은 무엇이며
하고 있는 것은 무엇인가

어떤 이는
그 통일이 저절로 온다고
감나무 밑에서 입만 벌리고 있다

무엇인가 통일을 위해
일하는 사람을 욕하고 자빠져 있다
감나무 밑에서 입만 벌리고 자빠져 있다

남과 북 (3)

어젯밤은 북한에서 잤고
오늘은 남한에서 잠을 잔다는
K선생

어젯밤에는
북의 사촌동생 인민군 집에서
오늘은 남의 조카 국군 집에서
잔다는 K선생
미국에 살고 있지만
핏줄을 끊을 수 없어
북으로 남으로 넘나드는
한 많은 가슴

이산(離散)의 아픈 가슴
그 가슴을 안고
조국의 통일을 보고 싶은 것은
인민군도 국군도

한 형제 한 핏줄
한 형제 한 핏줄이기 때문
한 핏줄이기 때문

천국과 지옥

죽어서 천국에 가
잘 살자고 하면서

자신은 지상의 천국에 살고자
빌딩을 높이 올리고
아파트를 몇 채씩 갖는 사람들

신자유주의가 좋다고,
많이 가진 자들 더 갖게 하고
없는 자들 더 없게 하여

우리가 사는 세상이
지옥이라고 아우성이네

신자유주의여
그대 들리는가
저 아우성 소리가

신자유주의여
그대는 정녕 좋은가
혼자만 잘 먹고 잘 사는 것이

1%의 천국

그래 1%는 천국이고
99%는 지옥이라고
월가를 점령한다네

1%를 위한 노예들이
이제야 자신들이 로마시대
노예들보다도 못한
새 시대의 변형된 노예라는 것을
알아차렸다네

1%는 탐욕의 노예
99%는 노예의 노예
아, 끔찍한 지옥을 만드는
1%들의 탐욕
그 탐욕이 이 시대에 던져진
장애물이라네

9.11 노이로제

전 세계 700여 곳에
군대가 주둔하고 있건만
워싱턴은 편하지 못하다네

이 시대에 이보다 더 큰
모순은 없으리
조금만 큰 소리가 나도 놀라고
조금만 이상한 것이 있어도 놀라는
강대국의 심장

Independence 거리
국회의사당, 백악관 주변에
바리케이트를 쳐놓고
물샐 틈 없이 지키면서도
불안한 워싱턴

모두 놀라
건물 밖으로 뛰어나왔다가
뒤통수 긁적이며
건물로 다시 들어가는
9.11 노이로제

적을 친구로 만드는
기술이 없어 적을
적으로 있게 하는 것일까
물자가 너무 흔해
전쟁을 하는 것일까

평화를 잃어버린 워싱턴
아메리카 노이로제

아파트 놀이

"즐거운 곳에서는
날 오라하여도
내 쉴 곳은 내 집뿐이리"

아이야 그 말은
전설이 된 지 오래 되었단다
아파트 값이 오르면
천국이 되고
값이 내리면 지옥이란다

아파트를 여기저기
사 놓고 아파트 놀이로
세월 보내는 아파트 세상
되었단다

너희 어머니
아버지가 올려놓은
아파트 값
네가 그만큼
비싸게 사야 되는
세상 되었단다

괴로운 세상
만드시느라 수고하신
어머니의
아파트 놀이에 감사하거라

네가 당하는 고통이
바로 어머니, 아버지의
한탕 때문이니
너는 절대 한탕 노리는
투기꾼이 되지 말거라

위장전입자도 되지 말고
장관이나 수석, 교수, 법관,
대통령이 되기 전에
먼저 인간이 되거라

잔머리 굴리는
요령꾼 되지 말고
사람이 되어
사람 냄새가 나는
그런 사람 되거라

제4부

메신부님

아버지

우리의 아버지들은
대를 이어서
아버지를 묻고

그 땅에 다시 묻힐
자식을 낳아
기르고 있다

어느 날 모든
아버지를 묻을 자식들
그 자식들이
또 자신을 묻을 자식을 낳아
기르고 있다

묻힐 수 있는 땅
그 땅을 위해서
목숨을 바쳤고
그 땅을 지키기 위해

자식들이 또 자식들을 낳아
기르고 아버지가 되는 땅

어떤 장기수

열댓 살
감옥에 들어갈 때
벗어놓았던 옷
총 맞은 구멍이 있던 옷

60이 넘어
감옥을 나와 입자
옷이 삭아 부스러졌다네

간수가 보고
거지보다 더 거지라고
웃었다네

감방에서 나와
밤은 깊어가고
갈 곳은 없는데

거지가 함께 가자고 끌어
갔더니 밥 먹던 거지들이
밥을 한 숟갈씩
나누어 주었다네

후에
늙은 넝마주이가
되었다네

신념을 버리지
않은 죄
양심범의 최후가
그렇게 되었다네

메 신부님

신부님
신부님이 암에 걸렸다
그래서
수술을 했다

그런데
재발을 해 또 입원을 했다

그 좋던 얼굴
언제나 자애롭고
아랑드롱 만큼 멋있던
얼굴은 어디로 가버리고
바짝 마른 얼굴
뭐 신경질 부릴 거 없나 찾는
성마른 사람 모습을 하고 있는
신부님

그는
불란서에서 한국에 봉사하러 와
낮은 자의 모습으로
한국의 위선을 벗겨내는 일에

헌신했던 분
다른 한국 신부들이
새로운 계급의식으로
권위를 부리는 앞에서

과감히
비를 들거나
물건을 들어 나르고
과감히 설거지를 손수 해
평등과
섬김을 실천했다

자신이 가야 할 길
그 길이 얼마나 냉엄한 길인가를
보여주었다

그런 그가
암에 걸렸다니
원망보다도
신은 얼마나 공평한가를
보아야 하는 것인가

사랑을 받을만한 사람이거나
미움을 받아야 할 사람이거나

가리지 않고 고통을 주심으로
어쩔 수 없는 인간임을
스스로 깨달으라 하심일까

평생을
봉사와 사랑을 실천한 신부님

하느님이 원하시는 것은 무엇일까
불란서에서 한국까지 와
한국의 현실을 꿰뚫어 보시고
한국의 문제 중 문제는
언론이라고 짚어내는

그
냉철함
한국인들이 따라가지 못하는
그 날카로움이
두 눈을 질끈 감고
맹종으로 익숙해진 한국의 무의식
그 무의식처럼
신부님의 의식은 점점
희미해져 간다

조선일보

중앙일보
동아일보의
무의식을 개탄하며
통탄하던
하나의 의식이
꺼져간다

그의 의식이 꺼져가는 만큼
우리의 무의식은 더 짙어갈까

그의 따뜻한 가슴
그의 따뜻한 눈길을 잃어버린
어린양들은
더 차가워지고 더 어두워지는
광야로 나아가야만 하는 것일까
빵 한 조각과
물 한 모금보다도

자신을 성찰하고
통찰해야 한다고 온 몸으로
외치던 그가 무너지고 있다

의식을 잃지 말아야 한다고
외치던 그의 의식이

서서히 꺼져가고 있다
점점 우리에게서 멀어져 가고 있다

정의

힘이 없는
정의는 공허하고

정의가 없는 힘은
힘의 횡포

빵이 정의일 때도 있고
정의가 빵일 때도 있는
세상

빵과 정의를
혼동시키는 사람들
빵과 정의가 정리되지
않은 세상

그런 세상이
아직 있다는 것
그런 세상에
살고 있는 우리의 혼돈

구원

예수만이
하늘의 독생자가
아니라

하느님의 일 하면
모두가 하느님의 아들

우상이 된
교회와 십자가에는
구원이 없다 하시네

하느님 일 하는 사람 넘치면
하늘나라 된다 하시네

아이

어머니의
포대기에 싸인
아기가
다른 곳은 보지 않고

맑고 깨끗한 눈으로
제 아버지만 바라본다

다른 곳은 보지 않고
옆에 서 있는
제 아버지만 바라본다

아버지
앞으로 이 세상을
어떻게 살면 좋을까요
어떻게 살면 좋을까요

너무 너무
걱정 되네요
너무 걱정 되네요
아이는

제 아비에게
그 순한 눈으로
계속 묻고 있다

다른 곳은
보지 않고 계속
그렇게 묻고 있다

破腦(파뇌)

뇌 세포 속에
새겨져 있는 모든 것들을
긁어내 버린
텅 빈 머리

찬바람만 휭 불고 가는
머리
악마들의 모든 악행
야바위꾼들의 얼굴

모두 지워내려
뇌 세포를 긁어냈다
그리고 웃었다
바보처럼…

온갖 잡것들이
날뛰는 거리에서
웃었다
바보처럼…

악마와 천사

악마도 어쩌다
좋은 일을
할 때가 있다

하고 싶어서 하는
좋은 일이 아니고
실수로 좋은 일을 하는 것이다

천사도 때로는
안 좋은 일을 할 때가 있다

안 좋은 일을 하고 싶어서
한 것이 아니라 실수로 하는 것이다

악마는 어쩌다 실수로 한
좋은 일을 소리쳐 선전하여
모든 악행을 감추려들고

천사의 실수를 천하에 알려
자신의 악행을 감추려 한다

K의 얼굴

그의 얼굴을
들여다보면
유행가가 토막토막
끊겨 튀어나오기도 하고
빈 소주병이
굴러 나오기도 한다

가난한 아내의
한숨 소리와
주눅 든 아이들이
어디선가
졸고 있는 모습이
들어 있는 얼굴

시간이 없어진 얼굴에
찬바람이 불고 가면
낙엽이 우수수 쏟아지는
K의 얼굴

제5부

난파선

귀국

피곤한 몸
이 몸을
기다려 줄 사람이 없다는
사실이 나를 더
피곤하게 한다

그래도 나는
수많은 사람들 뒤에
줄을 서 있다

나의
조국, 나를 기다려 주는 사람
하나 없는 조국

그 조국으로 간다는 것이
더 피곤하다

MATSUTAKE 스시집

버지니아 덜레스 공항
B23 게이트 옆에 있는
스시집

일본 놈처럼
머리 질끈 동여매고
바쁘게 손 놀리는 사람은
일본 놈이 아니고 한국 사람이었네

살아남기 위해서
어쩔 수 없이
일본 놈 흉내를 내고 있노라는
한국 사람이었네

베기롤 캄보는 10불 95
롤 캄보는 12불 95
옆자리 노랑머리 서양 여자는
롤 캄보를 먹고
나는 베기롤 캄보를 먹고 있는데
노랑머리 서양 남자 둘이서
옆에 앉으며 맛이 좋으냐고 묻네

굿? 굿?

오- 굿! 굿!
답해주었는데 또 묻네
당신이 먹고 있는
음식 이름이 뭐냐고…

아 이건 베기롤 캄보!

오 땡큐! 굿?

맛이 좋으냐고 또 묻네
굿이다마다 굿이지

그러나 일본 놈들은
노 굿이야 노 굿

독도를 자기네 땅이라고
하지 않았으면
놈들이라고 하지 않고
일본 사람들이라고 했을 텐데…

일본 놈들은 노 굿이야! 노 굿!

노스웨스트 항공

디트로이트에서
도쿄 나리타까지
열두 시간을 날아왔다

닭장 속
닭들처럼 밥을 갖다 주면
밥을 먹고 물을 갖다 주면
물을 마시며 왔다

공짜였던 와인은
5달러를 내란다
그 값만큼 취하려 했던
꿈, 그 시간만큼 몽롱해지고 싶었던
꿈을 접고 왔다

그 시간만큼
지루함이 더해졌다한들
어쩌랴

그래도 노스웨스트 항공은
수지타산이 안 맞는다니 어쩌랴

미국에 왜 오느냐고?

나보고
뭣 하러 미국에
자꾸 오느냐고 물을 때

대답을 못하고
묻는 이의
얼굴만 바라보았다

내가
워싱턴 주변을
아무리 바쁘게
쏘다녀도

잘 사는 사람들을
기술적으로
따라갈 수 없다는 것을
안 지가 이미 오래니…

나는
단지 내 뼈와 살 속에
강대국의 방향이

어떻게 기록되는지 보고 있을 뿐

내 삶의 비애와
절망이
고스란히 백악관에서
속삭이는 소리에
달려 있다는 것을 알 뿐이니…

내일이라도
김정일이 밉다고
북한을 친다면

가랑잎 같은
약소국 백성들 삶은
아수라장 될 테니

그저 조마스러울 뿐
그저 조마스러울 뿐

뉴왁 공항 (1)

뉴왁 공항에
어둠이 내리고 있다

진하게 내리는
어둠을 차고 하늘로 오르는
비행기

그 속도와 힘은
어둠을 뿌리치고
지상을 벗어난다

나는
점점 피곤해지고
지쳐 가는데
아직도 이 지상에
안식처가 없다

늙어간다는 것은
지쳐간다는 것
여기저기 불편한 곳이
늘어가는 것

어쩌다 남의 나라 공항에서
어둠을 뿌리치고 하늘로 오르는
비행기를 보고 있는가

아
지치고 피곤한
이 몸이 가야 할 곳은 어디인가…

뉴왁 공항 (2)

뉴왁 공항
이민국 직원이 물었다

얼마동안 미국에
머물 것인가

5개월이나
6개월 머물 예정이네

이민국 직원은
돈을 얼마나 갖고 있는가
또 물었다

천오백 달러 정도
된다네

6개월 동안 그 돈 갖고
어떻게 산단 말인가
너 미국에서 도둑질이나
허가 없이 노동하려는 거 아니냐

오! 노!
그런 일은
전혀 없을 테니 걱정 말게나

나는 항상 돈 없이
살아 왔다네

살아 있다는 것
그것이 바로
나에겐 기적이라네

매일 매일
기적이 일어난다네

침과 뜸

미국에까지 와서
내가 나를
침으로 찌르고
뜨거운 뜸을 뜬다

살아 있다는 것이
얼마나 고통스러운가를
스스로에게 일깨우듯
뜨거운 불로 몸을 태운다

살아 있다는 것이 바로 고통이라고
세포가 타들어가는 순간순간
오만상을 찌푸리며 내가 나를 깨운다

저마다 제 몫을
가지고 있어 목숨이라고
꺼져가는 의식을 깨우려
살을 태운다

살아 있는
순간순간마다 좀더

진지하게 맞서보라고
내가 나를 태운다

대뇌의 통제를 받지 않으려는
살들을,
잠들어가는 세포를 불로 깨운다

인생 결산서

그 꿈 많던 시절이
가버렸다는 것만으로
인생 결산서에는 허무만 남았다

결국 이 허무를
향해 달려왔다는 것인가

깊어가는 겨울밤
머나먼 이국땅에서
잠 못 들어 하는 것은
상처뿐인 과거를
지워낼 수 없기 때문일까

상처뿐인 몸을
어두운 동굴에 숨기고
혓바닥을 내밀어
상처를 핥아내는 외로운 짐승

동굴 밖 부서지는
바람소리에 귀를 세우는

한 마리 외로운 짐승

전선(電線)줄

허공을 가로질러
어디론가 달려가는 전선줄

찬바람 씽씽 불어도
지치지 않고 달려

추위와 외로움에 떠는
방으로 살며시 스며들어

어둠을 몰아내고
따뜻이 몸을 녹여주는
전선줄

이 추운 밤
저 혼자 허공에 매달려
달려가는 전선줄

난파선

어느 순간
난파선 되어 표류하다

태평양으로 흘러흘러
문을 두드린 집

그 집은
흑인의 집이었다

산산조각 나버린
생의 한 조각을 놓지 못하고
흘러와
문을 두드린 집

그 집의 문이 열렸을 때
나는 간신히 숨을 몰아쉬었다

담배

바람이 지나간다
그 속에 그가 서 있다
아무것도 생각해 낼 수 없는
머리
멍하게 울려오는 적막의 공허함

아 견딜 수 없다
이럴 때 내가 할 수 있는 것은
이것뿐이다

담배를 피우자…

저 도도하고 거대한 세상의 파도를
한 개비의 담배 연기로
덮어버리자
오라 오라 얼마든지

바람이 지나간다
그 속에 그가 담배를 피우고 있다

미국살이

미국에 살면서
영어의 벽에 갇혀
제 갈 길을 가지 못하고
무너지는 사람들

믿고 의지할 것은
오직 몸뚱이 하나
기계처럼 부려먹는 제 몸뚱이

몸뚱이마저 병들면
믿고 의지할 것은
돈 밖에 더 있겠나

밤이면 캐쉬를 세며
자식 놈 부랄 만지듯
흐뭇해하는 고달픈 미국살이

한 푼 두 푼
돈 세는 재미로
살아가는 미국살이

어느 날

어느 날
길을 걷다가
쓰러졌다

그 위로
미친 개 떼들이
한 바탕 난장판을 치고
지나갔다

온 몸을 물어뜯고
머릿속까지 핥아버린

미친 개 떼들
어딘가를 향해 달려가고

홀로남아
울었다

눈물마저 메마른
울음을 꺼이꺼이
홀로 울었다

비행기

비행기를 탄다는 것이
대단한 성공이라도 되는 양
하던 시절이 없었던 것은
아닌데

중국 애인지
일본 애인지
이 애가

비행기 알기를
우습게 안다는 듯

울음보를
터트리더니 그치질 않는다

몸부림치며 온몸으로 악을
쓰며 우는 아이 때문에
비행기를 탄 사람들이

문득 깨달은 듯
아이를 바라본다

저렇게
온몸으로 악을 쓰며
우는 서러움과
분노가

바로
우리 중생들이
삭여내야 할 고통이라고

살아가며 삭여내야 할
우리의 고통이라고

모두 공감의
눈빛으로
아이를 바라본다

살아 있다는 것

아침에 눈을 뜨고
밥을 먹으면 살아 있는 것인가

푸른 하늘을 볼 수 있고
흰 구름이 흘러가는 것을
볼 수 있다면 살아 있다고
할 수 있을까

지난해 보았던
낙엽들보다 올해의 낙엽들,
하찮은 풀잎들이
더 아름답게 보이고

아이들이 더 귀엽다면

저 차갑고 어두운 땅 속이
가까워지고 있음을 감지하는 것

모든 것들로부터
점점 멀어지고 있기에

모든 것이
더욱 아름다워지고
사랑스러운 것

외로움을 외로움으로
슬픔을 슬픔으로
양지 녘에 해바라기 하는 당신

살아 있음에 오늘이 있는 것
오늘이 있음에 살아 있는 것

길 위에서 쓴 마음의 詩

시인 민 영

1

사람들은 왜 길을 떠나는 걸까? 어떤 사람은 이제까지 자기가 본 일이 없는 미지의 세계를 찾기 위해 길을 떠난다고 하고, 또 어떤 사람은 자기 안에 든 절실한 소원을 풀기 위해서 길을 떠난다고 한다. 길은 이렇게 떠나는 사람의 생각에 따라서 여러 갈래로 갈라지지만 그 목적은 하나다. 길은 떠나는 것, 즉 여행을 한다는 것은 일정한 용무나 유람을 목적으로 한 것이 아니라면 '꿈'을 이루기 위해서 떠나는 것이다.

이 시집의 저자인 김낙영 시인에게 어떻게 그처럼 오랫동안 길을 떠나 여러 나라를 돌아보고 왔느냐고 묻자 처음에는 인류의 원초적인 모습, 다시 말하면 현대문명의 영향이 적은 곳을 보기 위해서 인도와 몽골의 오지를 다녀보고 왔노라고 했다. 그리고 2001년도에 미국으로 건너간 것은 세계적인 군사대국이요 베트남 전쟁 당사국이자 세계자본주의의 종주국인 미국에 대한 궁금증 때문이었다고 했다. 그것은 본인이 월남전에 참전했기 때문에 더 했을 것으로 짐작된다.

그러나 처음으로 찾아간 미국에서의 생활은 생각보다 쉽지 않았다. 자본이 넘치는 미국에서 그는 하루의 양식을 구하기 위해 이것저것 가리지 않고 막일도 했으며, 어느 정도 시간이 흐른 후 동포 신문사의 기자로 취직해 미국에 대한 견문을 넓히기도 했다.

그는 주로 미국의 수도이자 정치의 중심지인 워싱턴에서 생활했는데 그 속에서 겪어야 했던 쓰디 쓴 눈물의 술잔이 들어 있다.

워싱턴의 눈물은
노오랗게
포토맥 강으로 흐른다

내가 만나지 못한
사람들의 눈물도
어느 길모퉁이에
맴돌다

포토맥 강으로

흐르리라

가슴을 풀어헤치고
머리를 쥐어뜯으며
흘리는 눈물

그 눈물에
한 잔의 술을 따른다

「안개비에 젖은 워싱턴」 앞부분

미국에는 한국전쟁 이후 그곳으로 이민을 간 수많은 우리 동포들의 눈물과 월남전 이후 살 길을 찾아서 미국으로 건너간 베트남 난민들의 눈물도 들어 있다. 뿐만 아니라 남미에서 국경선의 철조망을 넘어서 미국으로 몰래 들어온 불법체류자인 스패니쉬들의 눈물도 그 속에 섞여 있다. 이렇게 처음에는 모두 '아메리카 드림'을 찾아 미국으로 건너가서 자본주의 사회의 하층민으로 공장에서, 시장에서, 식당에서, 부두에서 가난한 노동자로 살아왔으나, 수십 년 동안 뼈를 깎는 듯한 노력을 한 끝에 이제야 주류 사회로 진입하기 시작한 사람들이 그곳에 살고 있는 것이다. 하지만 미국에는 그보다 더한 피압박 민족들도 살고 있다. 15세기 말에 이탈리아의 항해자 크리스토퍼 콜럼버스가 소위 신대륙을 발견한 이래 그곳에서 살고 있는 원주민들은 말로 표현할 수 없을 만큼 혹독한 박해를 받아 왔다.

남아메리카 원주민(그들을 '인디오' 라고 부른다)들이 지금의 페루에 세운 잉카제국은 1541년에 대서양을 건너 쿠스코로 쳐들어온 스페인의 정복자 프란시스코 피사로(1475-1541)의 무리들에 의해서 황제가 처형당하고, 그들이 누리던 찬란한 고대 문화는 송두리째 파괴되거나 약탈되기에 이르렀다. 또 17세기 이후에는 영국에서 종교적인 자유를 찾아 아메리카로 건너온 청교도들이 북아메리카 지역에 흩어져 사는 원주민(인디언)들을 강제로 그 땅에서 몰아내고 식민을 하다가 종주국인 영국에 대항하여 독립전쟁을 치르고 나서 합중국을 세운 역사가 있다. 그러므로 프로테스탄트에게는 그 땅이 더없이 귀중한 영광의 땅이요 생존의 영토였을지 모르지만, 수천년 동안 이곳에서 농사를 지으며 살던 인디언 아닌 원주민들에게도 그곳은 절대로 양보할 수 없는 생명의 땅이었던 것이다.
그럼에도 활과 칼로 대항하는 원주민들에게 총과 대포를 마구 쏘아대는 힘에 밀려서 인디언들은 여러 세대에 걸쳐 살아온 땅을 포기하고 중서부의 황무지로 쫓겨갔으니, 원주민들에게는 더 없이 슬픈 고난의 도정이었을 것이다.

시인은 이 점에 대해서도 예의 주시하며 비켜가지 않았다.

천지신명을
부르다가 쓰러진 인디언들

서러워 서러워
한 잔의 술을 따른다

안개에 젖은
까마귀 울음소리

천년의 넋을
흔들어 깨운다

「안개비에 젖은 워싱턴」 뒷부분

미국은 거기서 살아가는 다양한 인종만큼

문제가 많은 나라다. 인종 문제를 놔두고라도 "하루가 멀다하고/ 권총강도가 날뛰는 거리" (「권총의 거리」 부분)이고 "인생길의 피로한/ 역정이 새겨진 얼굴/ 굽은 등/ 힘없는 눈동자// 보잘 것 없는/ 보따리 옆에 끼고// 갈 곳을 잃어버린 노파"가 살고 있는 나라다 (「워싱턴 스테이션 4」)

그러나 미국이 이렇게 부정적인 면만 있는 것은 아니다. 미국에도 아침 일찍이 출근길을 나섰다가 저녁이면 가족들이 기다리는 집으로 돌아오는 셀러리맨들이 있고, 어둠이 내린 거리에서 기타를 키며 "하루의 삶이 피곤했다 하여도/ 쓰러지지 말고/ 보금자리를 찾아가라고" (「Dupon Circle」 부분) 위로하는 거리의 악사도 있다. 그렇다, 세계의 도시와 나라들은 다 어느 정도의 숨기고 싶은 심각한 문제를 안고 있는 것이다. 시인은 워싱턴 시내에 높이 솟은 모뉴멘트를 바라보며 이렇게 노래한다.

워싱턴에 들어서면
백악관보다도 먼저
얼굴 내미는 독립기념탑

7년 동안이나
피 흘려 싸우고 이룩한
독립을 잊지 말자고,
독립이 거저 얻어진 것이
아니라고,
고개를 높이 든 독립기념탑

「마퓨멘트(독립기념탑)」 부분

2

미국은 자연이 아름다운 나라다. 한없이 크고 넓은 국토에 수많은 기이한 자연 경관들이 펼쳐지고 있어서 여행자들의 눈과 마음을 기쁘게 해준다. 더욱이 미국은 동부와 남부, 서부와 북부의 지형이 각기 다른 특이한 모습을 갖고 있어서 여행자들도 쉽게 미국 전체를 돌아보기 어렵다.

주로 시인이 돌아보고 노래한 미국의 북동부 지역은 건국 이후부터 미국의 정치와 학문, 교육의 중심지가 되어 있던 곳이다. 그것은 거의 뉴욕의 허드슨 강 유역과 워싱턴 D.C의 포토맥 강 유역에 모여 있는데, 이 지역의 아름답고 풍요로운 자연은 오래 전부터 에머슨, 소로, 휘트먼, 프로스트 등 미국의 일류 시인들을 키워낸 문학의 요람이었다. 제2부에 들어있는 「아트메시아 호수」 연작들은 미국의 이런 아름다운 자연을 독자들에게 보여주기에 모자람이 없으며, 그 성과도 이 시집 전체 중에서 가장 온당한 자리에 놓여 있다. 그 중의 몇 편을 조금씩 간략하게 소개하면 다음과 같다.

이른 아침
이제 막 깨어난 호수의
잔물결 사이
물의 하얀
알에서 깨어난 물새들이
날개를 펼치면

새
아침의 빛이
쏟아진다
「아트메시아 호수2」 부분

꿈을
혼자만 갖지 말고
여럿이 함께 갖자고
말하는 아트메시아

그렇게 말하는
호수에서는 향기가 난다

꿈과 웃음을
혼자 독점하여
희희낙락하는 입으로

좌파다 우파다
말하는 사람들은 모르리

아트메시아의 아침을…

「아트메시아 호수4」 전문

비버가 일찍부터
집을 짓는 시간
물고기들은 더
깊은 곳을 찾아가고

거북이들 한가로이
일광욕 하는 아트메시아
갈대들이 잃어버린 신화를
기억해 낼 때쯤
수련은 하얀 입술을 열어
속삭인다

「아트메시아 호수7」 부분

자 어떠한가? 대도시의 떠들썩한 소란 속에서 벗어난 시인의 모습이 보이지 않는가. 이른 아침 알에서 깨어난 물새들이 날개를 펼치면 쏟아지는 아침햇살(2). 꿈은 혼자만 갖지 말고 여럿이서 함께 나눠 가져야 하는데 꿈과 웃음을 저 혼자 독차지하고 좌니 우니 하고 싸우는 정치가들, 그런 사람들은 이 평화롭고 아름다운 아트메시아 호수의 아침을 모를 것이다(4). 비버가 아침 일찍부터 집을 짓고 물고기들이 더 깊은 곳으로 숨어들고 거북이가 한가로이 일광욕을 하는 아트메시아. 그때쯤이면 갈대가 잃어버린 신화를 기억 속에서 찾아내고 수련이 하얀 꽃잎을 열고 무언가를 말하듯이 속삭인다(7).

이 정도면 시인의 마음속에 정체되어 있던 사연을 모두 호수의 잔잔한 물결위에 풀어버리고 잠시 자유와 평화를 누리기에 족하지 않을까?

그러나 가난한 시인에게는 이런 자연의 축복도 그리 오래가지 않는다. 뉴왁 공항에서 어디론가 가려고 비행기를 기다리고 있을 때 갑자기 참을 수 없는 피곤이 몰려든다. "나는/ 점점 피곤해지고/ 안식처가 없다"는 것이다. 그러다가 문득 꿈을 꾸듯 이 공항에서 비행기를 내려 이민국 직원에게 검사를 받던 날이 생각난다.

얼마동안 미국에
머물 것인가

5개월이나
6개월 머물 예정이네

이민국 직원은
돈은 얼마나 갖고 있느냐고
또 물었다

천오백 달러 정도
된다네

6개월 동안 그 돈 갖고
어떻게 산단 말인가
너 미국에서 도둑질이나
허가 없이 노동하려는 거 아니냐

「뉴악 공항 2」 부분

물론 시인은 "오! 노! 그런 일은/ 전혀 없을 테니 걱정 말"라고 말했지만, 항상 돈 없이 살아온 그에게는 기적을 바라는 수밖에 없다. 그리고 이것은 미국으로 처음 여행 온 시인만이 아니라 이곳에서 사는 가난한 친구 K에게서도 찾아볼 수 있다. 그는 아직도 기회가 많은 이 꿈의 땅에서 자리를 못 잡은 것 같으며, 가난에 찌든 식구들 앞에서 얼굴을 못 들고 있다.

가난한 아내의
한숨 소리와
주눅 든 아이들이
어디선가 졸고 있는 모습이
들어 있는 얼굴

시간이 없어진 얼굴에
찬바람이 불고 가면
낙엽이 우수수 쏟아지는
K의 얼굴

「K의 얼굴」 부분

3

비록 몸은 외국에서 살거나 떠돌아다니고

있더라도 결코 잊지 못해 가슴앓이를 하는 것이 고국과 가족에 대한 그리움이다. 시인의 나라 한국은 벌써 60년이 훨씬 지났는데도 남·북으로 갈라져서 분단 상태를 계속 유지하고 있다. 동족상잔의 전쟁이 끝난 지도 오래되었건만 DMZ를 사이에 두고 일촉즉발의 군사적 긴장이 계속되고 있는 것도 예전과 다름이 없다. 부르는 노래는 남·북 모두가 '우리의 소원은 통일'이지만 그 통일이 언제 찾아올지는 아무도 모른다.

시 「남과 북」 연작에는 시인의 이런 안타까운 마음이 잘 표현되어 있으면서도 서로의 마음을 엿볼 수 없는 답답함! 그러기에 시인은 "서로 믿지 못하게/ 우리 사이를 가로막고 있는 것이/ 무엇일까?"하고 의문을 제기한 후 울부짖듯이 이렇게 노래한다.

한데 부둥켜안고
한바탕 눈물을 쏟고 나면
언 가슴
막힌 가슴 뚫리려나
막힌 우리 가슴 열리려나

「남과 북1」 부분

이렇게 분단된 조국을 생각하다 불현 듯이 떠오른 것이 아버지의 모습, 분단된 땅에서 사는 아버지들의 운명이 그려지고 있다. 「아버지」의 마지막 연에서 "묻힐 수 있는 땅/ 그 땅을 위해서/ 목숨을 바쳤고/ 그 땅을 지키기 위해/ 자식들이 또 자식을 낳아 기르고 있다"는 구절이 눈에 들어 왔을 때 이 땅의 비극적인 역사가 상기되어 가슴이 아팠다. 시 「귀국」은 구약성서 시편의 비가(悲歌)를 읽듯 필자의 마음을 아프게 했다.

피곤한 몸
이 몸을
기다려 줄 사람이 없다는
사실이 나를 더
피곤하게 한다
그래도 나는
수많은 사람들 뒤에
줄을 서 있다

나의

조국, 나를 기다려 주는
사람 하나 없는 조국

그 조국으로 간다는 것이
더 피곤하다

「귀국」 전문

그러고 보니 시인이란 어느 곳에서도 오래 발붙이고 살 수 없는 영원한 에트랑제인가보다.

後記

참으로 오랜만에 시집을 내게 되었다. 20년 만에 시집을 내게 되었으니 그동안 노래를 잃은 새처럼 세상을 방관하는 자세로 산 셈이다.

시 따위를 쓰면 뭐하는가하는 허망감 속에 내 삶을 방치하며 살았다고 해야 맞을 것이다. 들어도 들리지 않고 보아도 보이지 않는 삶이었다.

절망과 좌절, 허무와 허탈이 나를 지배했고 병고에 시달리기도 했다. 거기에다 당치도 않은 삶인 미국생활까지 하였다. 그럴듯한 목적이 있었던 것도 아닌 미국생활, 그 삶은 결과적으로 또 다른 생존의 방편이 되었다.

미국에 가면 누구나 거치는 과정이라는 접시닦이부터 밑바닥 생활을 했다. 하루종일 서서 접시를 닦고 돌아와 누우면 팔이 저절로 접시 닦는 동작을 했다. 그만큼 미국 생활이 힘든 삶이었다. 그 힘든 삶을 통해 동포들이 얼마나 힘든 삶을 사는가를 알게 되었다.

인간이란 결국 아무것도 아니다. 누가 무

엇을 반복적으로 하는가… 할 수 있는가가 중요할 뿐이다. 접시를 닦고, 청소를 하고, 시키는 대로 몸을 움직이고 그 대가는 결국 생존이다.

생존을 위해 사는 사람과 재산을 더 많이 축적하려는 사람이 한데 어울려 사는 세상.

어울려 살아야하는 관계가 서로 싸우는 대상이 되어 우리의 삶은 더 각박할 뿐이다. 정이나 사랑보다도 좀 더 과학적으로, 제도적으로 평등을 추구하자고 하면 이념을 갖다 들이대며 기득권을 지키려든다. 아직도 후진적 사고가 사회의 우위를 점하고 있다.

한국의 이념은 너무나 시대에 맞지 않고 낡았다. 사회적 프리즘을 특정 그룹이 제 마음에 맞게 장치를 해야만 한다고 고집이다. 그 프리즘이란 것이 변함이 없다. 빨간색으로 고정시켜놓고 세상이 빨갛다고만 소리친다.

프리즘 안에 다른 색이 있어야 프리즘이란 것을 인정하지 않으려 한다. 오직 빨갛거나 파래야만 한다고 고집이다. 실상은 보수네 진보네 하는 그 편 가르기의 기준 자체가 잘못되어 있다면 그 이상 우스꽝스러울 수가 없다.

제멋대로 편을 가르고 보수는 애국자이고 진보는 비 애국자, 우파는 애국자이고 좌파는 비 애국자라는 등식을 만들어 자기는 애국자인양 하는 것이 얼마나 사회를 허약하게 하는가.

그 이념의 탈, 애국자인양 하는 가면을 벗기면 친일파의 잔재거나 독재자 하수인들의 얼굴이 나타난다. 그 애국자라는 사람들 중에는 기본적으로 군대도 안간 사람들이 많으니 어처구니가 없다. 거기다 국가안보는 저 혼자 다 하는 체 한다. 반성을 해야 할 사람들이 더 기승을 부리며 큰소리를 치고 다닌다. 무능과 비리, 협잡, 정경유착의 그늘이 사회를 어둡게 하고 삶의 질이나 활력을 떨어트리고 있다.

살고자 하는 의욕을 떨어지게 하는 그 음습한 그늘에 아이들을 낳아 기를 생각을 하면 참담 그 자체다. 그러니 출산율이 떨어질 수밖에 없다. 한국에서는 아이를 안 낳는 젊은 부부가 미국에 오면 아이를 낳는 것은 왜일까. 출산율이 떨어진다고만 할 것이 아니라 아이를 낳아 기르고 싶은 환경을 만들어야 할 것이다.

파이를 키우면 나누겠다고 했으면 그 약속을 지켜야 할 텐데 그 약속을 지키지 않는다. 커진 파이를 혼자 독식해버리고 만다. 해고된 노동자들이 자살을 해도 눈썹 하나 까딱 하지 않는 세상이 되었다. 사람이 사는 세상이 아니라 짐승들이 사는 세상이 되었다고 한탄을 하는 소리가 높아가고 있다.

흘러간 시대의 가치는 흘러간 시대로 흘려보내고 새로운 가치관, 새로운 인간형이 나와야만 할 것이다. 마치 예수가 이스라엘의 민중을 구하겠다고 나섰듯이 우리는 우리 안에서 우리를 구하겠다는 한국의 예수가 나와야만 할 것이다.

이 시대의 새로운 인간 모델로서 한국의 예수가 될 수 있는 사람이 나오길 목마르게 기다리는 현실이다.

한국의 예수는 독생자가 아니라 많이 나와서 탐욕에 병든 사회를 하루라도 빨리 구해야만 할 것이다. 자본주의 첨단이라는 미국도 새로워져야 한다고 월가를 점령하는 사태가 발생했다.

미국의 건국정신이나 사회정의가 무너졌나고 지적하는 지식인들의 염려가 끊이지 않고 있다. 미국의 뒤꽁무니만 따라다니다간 미국의 문제를 그대로 답습하게 될 것이다.

뼛속까지 친미나 친일을 하겠다고 하기보다 그들의 문제를 보고 미리 대처하는 지혜를 가져야 하지 않을까.

동맹이나 우방일지라도 주체성을 가진 국가로서 상호 교류를 해야만 자존심 있는 국가로서 예우를 받을 것이다.

진정한 민주주의를 바탕으로 한 경제 정의를 실천하겠다는 것이 남한의 정체성, 이념이라면 어떨까.

세상에 태어날 때 언제 어디서 태어나야겠다고 계획을 세우고 그 계획대로 태어난 사람은 아무도 없을 것이다.

자기가 살아야 할 곳, 그 곳이 살아가는데 어떤 문제가 있다면 고치려하는 것, 그것은 당연한 일이다. 그래서 다음 세대를 키우고 다음 세대가 살기 좋은 곳이 되도록 하겠다는 것은 환영 받아야 할 일이다.

그런 환경을 만들지 않으면서 세계에서 출산율이 제일 낮고 자살율이 높다는 타령만 해봐야 아무 소용이 없다.

나의 미국 생활은 결과적으로 미국에 대한 탐구와 관찰이었다고 할 수 있을 것이다. 미국에 의지해 살아가는 국가의 국민으로서 미국은 어떤 나라인가 하는 궁금증을 갖는 것이 어쩌면 당연한 일이었는지도 모른다. 6.25를 거쳤고 월남전까지 참전했으니 그런 생각은 더 강렬한 것이었다.

2001년도에 처음 미국에 가게 되어 2011년까지 한국을 오가며 살았다. 미국에서의 삶도 나에겐 피곤한 삶이었다. 허무감에 빠지고 지쳤을 때 아트메시아 호수를 알게 되었다.

아트메시아 호수에서 잃어버렸던 평정심을 찾았고 다소나마 삶에 대한 의욕을 찾을 수 있었으니 너무도 고마운 일이 아닐 수 없다. 제나라에서 찾을 수 없었던 삶의 의지를 남의 나라에서 찾았으니 운명이라고 해야 할까.

월남전에 참전한 결과로 평화가 인생의 화두처럼 되어 워싱턴 주변에서 평화사진전을 20여회 했고 미국생활 체험기 "워싱턴 햄버거"를 썼다. 직업도 캐리아웃, 세탁소, 신문사 기자생활, 여행사 고문직함으로 기행문 쓰기, 문예창작원에서 문학 강의 등 다양하게 살아보았다.

사람을 지치게 하는 글쓰기이지만 누더기 같은 삶과 부끄러움, 신세타령을 숨김없이 그대로 다 쏟아냈다. 마치 오랫동안 미뤄 왔던 고백성사를 하고 난 것처럼 조금은 홀가분한 기분이다.

김낙영

워싱턴에 내리는 안개비

초　　판　2012년 1월 5일
지 은 이　김낙영
펴 낸 곳　초록낙타
주　　소　서울 강북구 인수동
516-58 미광빌라
가동 203호
출판등록　제9-001695
전　　화　02-990-7231
전자우편　gwvk8888@gmail.com

ISBN　978-89-958709-9-0 03810

값 10.000
잘 못된 책은 바꿔 드립니다.